바람에 머리를 감아라

박이정시선 01
바람에 머리를 감아라

초판 1쇄 인쇄 2014년 7월 02일
초판 1쇄 발행 2014년 7월 08일

지은이 김운태
펴낸이 박찬익

펴낸곳 박이정출판사
주소 (우)130-070 서울시 천호대로 16가길 4
전화 02-922-1192~3
팩스 02-925-1334
홈페이지 www.pjbook.com
이메일 pijbook@naver.com
등록 1991년 3월 12일 제1-1182호

ISBN 978-89-6292-665-1 (03810)

* 책값은 뒤표지에 있습니다.

바람에
머리를 감아라

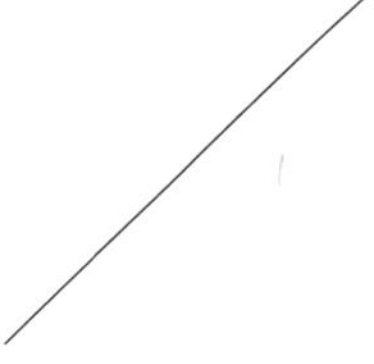

김 운 태 시 집

박이정

작가의 말

20대에 등단하지 않았다. 아니, 시를 썼지만, 거품이 넘쳤다. 시를 시로서 쓸 줄 몰랐다. 그 시절 등단하지 못한 것이 다행이다. 스스로를 불태워 쓴 시 위에서 지금은 통곡만 하고 있을 것이다. 내 것을 짜내지 않고 세상 모든 것을 나를 통해 보는 법을 거듭 연습했다. 작은 성과가 있었다. 이 시집이 그것이다.

과학적 진실, 종교적 진실, 철학적 진실, 사회적 진실이 만연하다. 시적 진실이 초라한 이 시대에 시의 기교가 아닌 화법을, 시의 이미지가 아닌 메시지를, 시의 낯설게만 하기가 아닌 낯익지만 않게 하기를, 시의 과거 보기가 아닌 지금 보기를 당분간 찾아다닐 것이다.

시적 진실이 다른 진실과 화합하는 자리 위에서도 보다 변별적인 차원을 보여줄 때까지 시를 구하러 다닐 것이다. 그리고 시와 함께 세상의 끝과 또 다른 시작을 보게 될 것이다. 이제, 지독히도 사랑하지만 늘 미운 세상을 향해 제대로 된 첫발을 내디디게 되었다. 사랑한다. 여행의 동행자, 세상아!

나의 존재 자체인 아내 정은과 두 딸 려경, 수진 그리고 이 땅이 함께였기에 이 시집이 세상과 함께하게 되었다. 어려운 중에도 하나뿐인 친구 권오휘 시인이 해설을 맡아주어 초라한 시가 읽힐 수 있는 시가 되었다.

또한 좋은 시집으로 만들어 주신 박이정 출판사 박찬익 대표님 이하 편집부에 깊은 감사를 드린다.

(이 시집의 '3부 떠나보내는'에 시들은 문예지에 이미 발표되었고, 나머지 시들은 모두 신작 시임을 밝힙니다.)

차례

I 너에게로

II 나로부터

Ⅲ 떠나 보내는

Ⅳ 여행

I

너에게로

본래

그렇게 추운데도 별은
가난한 이의 뜨거운 눈시울이 되고 있구나

그렇게 추운데도 달은
이 밤의 체온이 되고 있구나

그렇게 늙었어도 어머니는
누구에게나 살아가는 눈물이 되고 있구나

그렇게 죽었어도 아버지는
길 아닌 길이 되고 있구나

수평선은 그렇게나 파도가 쳐도
직하의 폭포이고

지평선은 그렇게나 주름져도
직각의 절벽이리

너는 그렇게 따뜻하여
폭포 속으로 사라지고

너는 그렇게 젊어서
절벽을 뛰어내리는가

직선아래 바라보는 이
누구던가

몸 I

몸이 아프다고 몸을 던지지 마라
제 아픈 몸을 이끌고
몸을 위해 약을 구해 줄 이
몸뿐이니

몸이 아프다고 몸을 눕히지 마라
몸을 일으켜야
몸이 눈물지을 수 있고
눈물의 몸이 있어야
사람이다

몸이 아프다고 몸을 때리지 마라
아프지만 상처받지 않은
몸이 있어야
마음이 의지할 수 있으니

몸이 아프다고 던져버리고 싶다면
차라리

마음을 던져라

마음이 없어지면 몸은 가벼워지니
마음이 없다고
몸조차 없어지나

딸들아

세상에 모든 딸들아

네 부모에게만 딸이지 마라
할머니에게도 딸이고
할아버지에게도 딸이어라

뭇 아저씨에게도 딸이어야 한다
딸이 아니면 여자가 된다

뭇 아줌마에게도 딸이어야 한다
딸이 못되면 처첩 사이가 된다.

남친에겐 딸 행세마라
딸 행세하던 물이 빠지면
너의 성 정체성도
모르리

늙어도 딸이어야 한다

늙어서 딸이 아니면
남자가 되어 있다

세상에 모든 딸들아
한생에 딸로 살아라

그리하여 수평선이
되어라

그대가 이룬 것은

'내가 어떻게 여기까지 왔는데'
라고 울부짖지 마라
'내가 어떻게 이 땅을 가꾸었는데'
라고 아우성치지 마라

그대의 지금은
혼자 온 것도
혼자 가꾼 것도
아니다

네 어머니의 꿈꾸는
염원으로
네 아내의 채근과
네 딸의 울음으로
왔으니

황사를 이고 온 바람
열사를 품고 온 태양

마음 약한 이들의 눈물의
강우로 이룬 것이니

그대는 다만
가까이서 지겹게
지킨 것 뿐이니

별, 그 변증법

우리 모두는 한때
아이였음을
잊지 마라

어찌하여 너는
그리도 거친 사람이
되었느냐

네 가슴에 품고 있던
별들을 모조리
네 어깨에
달고 말았더냐

경고문

– 모기에게

식생활을
좀 바꿔봐라
너의 식생활은 네게는 자연스럽겠지만
나에겐 너를 살해할 수밖에
없는 일이 되었다

치사하게 피를 먹어?
하다못해 땀이거나 각질이라면
고소 정도로 끝날 일을
결국 네 자식새끼들까지
나의 적으로 만드는구나

모든 살아 있는 것은 나름의
삶의 이유가 있다지만
때론 네가 절대 바꾸지 않는
식생활 때문에
네 존재의 이유 때문에
내가 있을 공간이

증발하고 있다

지금까지 모든 짓을 용서해
주고자 할 이때
결심 단단히 해서
식이요법도 하고
다이어트도 해라

땀이나 각질 털 정도는 좀
나눠줄 수 있다

경고문

– 바퀴에게

나는 내 새끼를 키우기위해

나는 네 새끼들까지
모조리 없애야 겠다

그러니, 너는 네 새끼를 키우기 위해
내 가정을 떠나라
다 먹고 없겠지만
조금이라도 남은 먹을거리가 있다면
다 가지고 떠나라

떠나서 다시는 남에게 의지마라
스스로 살아가는
개미에게서 배워라

이 땅이 생겨날 때부터
이 땅에 기생했다면
이제는 독립할 때도 되지 않았더냐

공부는 못하더라도 경제적으로
자립이라도 해야하지 않더냐

내 너를 용서하고 놓아줄 때
홀연히 떠나거라

감정 1

짜증내지 마라
짜증내면 너는 부끄러워지고
주위는 모두 너의 짜증에 감염되어
드디어 너는 너를 용서할 수 없게 된다

짜증을 못 참으면
차라리 화를 내라
화를 내면 주위는 경계할 뿐이고
너를 무시하니
오직 너만 다칠 뿐이다

네가 너를 사랑할 줄 모르고
네가 너를 다룰 줄 모르니

네 마음을 지나가는 비둘기 입에
물려버려라
그리하여 다시는 네 마음이
너를 찾지 못하게

삼켜달라고
비둘기에게 부탁하여라

감정 2

외로움이 싫으면 홀로
여행을 떠나라

타인 속에서 더 외로운 너를
만나게 될 테니
너의 지금의 외로움은
행방불명될 것

외로움을 견디지 못하면 홀로
여행을 떠나라

자연 속에서 사람 없는
외로움을 만나게 될 테니
너의 지금의 외로움은
햇빛과 하나 된 이슬 같을 것

외로움은 외로웠던 자리에
돌아와야, 비로소
서러운 눈물로 빠져 나갈 것

매일 살해된 남자

남자가 질투를 하는 것은
네가 그놈의 아이를 가졌기
때문이 아니다

네 속에 나와 똑같은 그놈이
살아 움직이기 때문이다

공중화장실에서 매일
그 놈들이 살해되는 이유이기도 하다

파리를 쏴아대는
면벽의 자세로

까페에선 1

머리를 감지마라
네 비열한 삶의 흔적만 떨어지니

뜨거운 커피를 마시지마라
네 뜨거운 삶의 열정이 식어지니

시간을 죽이지 말고
죽어가는 시간에 입을 맞추어라

네 늙어가도
늙지 않으니

까페에선 2

어린 딸아
부끄러 마라

까페는 공부하는 데란다
네가 제일 잘하고도 못하는
공부 속에
사는 네가
부끄러워해야 할 곳은
학교다

시 써서 돈 많이 벌어
까페를 하나 사 주마
공부 안 밖에 있는 너의 모든 살아있는
친구를 불러들여라

네 목소리로 커피를 타서
네 눈망울로 대접해라

그리고 넌
까페를 선물상자에 포장해서
전쟁기념관에 기증해라

너와 네 친구 모두를 남겨두고
딸들만 돌아오너라

늙지마라

늙지마라

늙는 것과 위축되는 것은 다르다
늙는 것은 현명해지는 것이고
위축되는 것은 심술궂어지는 것,
그리하여 네가 없어지는 것이다

네가 없어지면 다시는
이 땅의 청춘을 밟지 못하니
네가 없어지면 아픔도 없어지고
슬픔 없는 회한만 남으리

아픔조차 없어지면 나의
젖가슴을 노릴 수 없고
몽정조차 할 수 없으리

아, 사랑을 반납한 그대여
그대는 등 돌린 비둘기 할머니

누더기 걸친 죄로
파계한 달마

딸에게

바람이 불면 바람인 사람을 만나라
바람이 분다고 집나간 사람을 만나지 마라

비가 오면 나무가 된 사람을 만나라
비가 온다고 빨래를 걷는 사람을 만나지 마라

결혼하면 남편인 사람을 만나라
결혼하면 제편인 사람을 만나지 마라

술이 된 사람을 만나지 마라
돈이 된 사람을 만나지 마라
꽃잎에 뺨을 세차게 맞아본 사람을 만나라

기차를 타고 책 읽는 사람을 만나지 마라
기차를 타고 기적소리가 되는 사람을 만나라

도시에 가서 돌아오지 않는 사람을 만나지 마라
도시에 가서 짝 없는 이의 가로등이 된 사람을 만나라

늘 사랑하는 사람을 만나지 마라
때론 미워할 수 있는 사람을 만나라

늘 사랑할 준비가 된 사람을 만나지 마라
그는 늘 떠날 연습을 하는 것이니

바다에 가면 파도가 되지 말고 섬이 되어라
섬이 되어 바다 깊은 곳의
소리에 귀를 기울여라
지구를 사랑한 이 땅의 전설을
듣게 될테니

딸아 1

남성은 만나지 마라
남성은 너희가 있어
남성인 줄 알지 원래는 성난 피조물일 뿐이다

차라리 남자를 만나라
남자는 너희가 없어도
남자인 줄 알고
너희를 알고 거울을 볼 줄 아는
눈 뻰 지성이다

딸아
얼굴을 가까이 해서
네 얼굴만 보고 얘기하는
남자를 만나지 마라

너만 본다고
너만 관심 있는 것이 아니다
너만 본다고

너가 되는 것이 아니다
너만 볼 뿐
너에게, 딸 아닌
여자에게
끊임없이 호소할 뿐이다

그래서 남친이기 전에는
너는 여전히
여친 아닌
딸이어야한다

딸아 2

1

화장하지마라
너를 지켜 바라보는 남자를
위해 화장하지 마라

너의 화장만 보거나
그것조차 못보는 이가
태반이란다

화장하지 마라
너의 부러진 날개를 감추기 위해
화장하지 마라,
날개를 고쳐야지
화장을 하는 법이
아니란다

딸들아
너희는 또 걸핏하면

화장이로구나

눈물이 나도
기뻐도
생리를 해도
하늘이 맑아도
비가 와도
남친이 없어도
남친이 있어도
화장을 하는구나

2
딸아
화장을 해라
네 마음의 옹이에서 비녀 같은 싹이 돋고
수평선이 보이거든
화장을 해라

사람만 보이거든 말고
사람아래 길이 보이거든
화장을 해라

생얼이 예쁘게 보이면
화장을 해라

월요일이 즐거우면
기꺼이
화장을 해라

의동생 용수는

브로드웨이 42번가를 서성이고 있다
20년째다

브로드웨이 42번가 크리스탈 보도 위를
발사위가 예사롭지 않다
탭이다

춤이라기 보단
물의 법고 위를 걷는 예수의 발이다

내 참회의 눈물을 모아
곱게 씻겨줘야 할
예인의 발이다.

씻은 발에서
거리의 가난이 삶인 이에게
염화미소가 번진다

순수한 것은 독하다

순수한 것은 독하다

새싹도 독하고
아이도 독하고
씨앗도 독하다

첫사랑은 더 독하고
마지막 사랑은 지독하다

봄은 더 지독하여
마침내
가을을 부르고 말았지

모자란 시

결핍의 시를 읽은 적 있는가
그대 결핍을 채우려 마라
결핍은 충만이 될 수 없다

그리하여 결핍을 채우면
그대의 시는
오만의 노래가 되고
상투의 관형사가 되고
비련한 인생의 일기장이 된다

안타까운 가난이
별을 만드니
그대
조금 모자란 시인이 되라

늙어가는 돌을 본 적 있는가

청춘아
청춘이 물러감을
서러워 마라
돌은 오랜 청춘의 벽으로 돌아와
네 얼굴을 화석으로
간직하나니

이 땅이 늙어 가는 것
본 적 있는가

삶의 오랜 흔적
그 미래를 품고 있을 뿐

청춘은 물러갈 수
없는 법

모든 시공을 안은 채
이 순간에도

네 호흡에
생경한 채로
그대로 이니

꽃피우지 못한 꽃을 아는가

썩어가는 뿌리를 부여잡고
애원하고
언 땅을 쓰다듬으며
눈물도 지었지만

단연코 꽃피우지 못한
꽃의 설움을
지켜내었던가

이기심으로 이겨낸
이 봄의 허상들에

기어이
눈에 묻혀 돌아간
꽃들을
돌아보라

Ⅱ

나로부터

나를 위하여 1

나는 내게 술을 한 잔
사주기 위해
전통 유럽식 호프 까페를
가지 않았다

나는 내게 술을 한 잔
사주기 위해
대로변 허름한 벤치에 앉았다
캔 맥주 하나
초콜렛 한 개다
동석한 이가 많아서
이 정도면 충분하다

길거리를 지나가는 외로운 여인이 앉고
조깅하던 세줄 트레이닝의 아가씨도 앉고
산책하던 가족도 앉는다
윈도우 안 술집에 있던 커플도 앉고
동네 개 두 마리도 앉는다

그들은 내게 술 한 잔 사주기 위해
이 넓은 술집에 앉는다
이 도시에는 원래 별이 없다
별도 없는 하늘에선 비가 온다

계산은 개가 했다.

네 이웃을 사랑하라

오늘도 이럴 줄 알았다

친구를 만나러 가는데
칼과 생식기만 들고 간다
혀와 손을 집에다 두고

일년 전 친구의 아내에게 맡겨둔
우정과 변심은 아예 잊어버리고

이렇게 된 바에야
오늘 친구에게 생식기를 주고
그의 아내에게 준 우정을 받아내야겠다

오늘밤엔 내 아내에게
내 변심의 엉덩이를 잘라내고
이불 한 채를 사줘야겠다

얻어 걸린 시

나는 시를 쓰지
않았다
나는 시를 만들다
버렸다
나는 시를
주워야겠다

국문학을 전공했다. 시는 쓰지 않고
언어만 들여다 보았다
문장작법 시간에 시를 만들다
밀가루 반죽이 되어버렸다
길가에 똥개에게
줘버렸다

시는 얻어야 한다는 걸 아는데
생의 반이 걸렸다

두 팔을 벌려 아내를 안아본다

시를 얻어볼려고
때론 햇살도 안아보고
나무도 안아본다
꽃도 때려보고 또 맞아보고
아버지도 불러보고

투명인간과 부활

오늘도 나는 발가벗은 채
길을 나선다
아무도 눈길을
주지 않는다
십년 째다

지나가는 개 한 마리
꼬리를 내민다

꼬리를 잡고
그를 따른다.

진짜로

솔직해져야 한다
사람이 마음으로 살고 있지 않다고

솔직해져야 한다
사람은 몸으로 살고 있다고

솔직해져야 한다
사람은 두뇌로 살고 있다고

솔직해져야 한다
여자가 좋은 건
남자가 멋진 건
미학이 아니라 호르몬 덕이라고

어떠한 경우라도
텅 빈 나를 바라보는 존재는
신이 아니라,
나의 마음이라고,

솔직해져야 한다
마음은 죽지 않는다고

태어난 적도 없다고

몸 Ⅱ

몸은 몸을 위해서 산다는 걸
잊지 말아야 한다

몸에게 밥을 먹이기 위해
오늘도 몸은
직장생활을 한다
아픈 몸에게 약을 사먹이기 위해
오늘도 몸은
돈을 벌러 나간다

다른 이의 몸을 살리기 위해
성치 않은 몸들이
응급실에 분주하다
죽어가는 어머니 몸의 임종을 위해
아픈 내 몸이
지켜내고 있다

누구에게나 마음을 위로해 주는
몸이 있다

그 몸도 지치면
가끔 떠날 때도 있지만
언제나 돌아와
해맑은 웃음으로
살며시 손을
잡곤한다

길

빛은 밝아서 빛으로 가는 것이 아니다
어둠으로 가는 길을 몰라서
어둠을 등진 것일 뿐이다

어둠에도 길이 있다
는 사실조차 잊은 채로
빛을 향한 것은
빛만이 희망이라서가
아니다
어둠의 길을 걸어보지 못한
불안 때문이다

빛을 따라 간 자리에서 만난
기망의 창조주 앞에 엎드린 그대여
이제 촛불을 꺼야한다

빛이 사라진 그 자리에
오직 길이 있으리

오직 너와 내가 있고
사랑이 있으리
오직 회귀가 있으리
그리고
다시 만나리

T.S Eliot

가을엔
겸손해진 봄이
잎을 떨군다

대지의 젖줄을 흑사병처럼 휩쓸던
봄의 마녀 손가락
같은 뿌리
상흔의 살갗
헤집힌 심장의
대지에
거즈 한 장 얹어주고 있다
새똥처럼 배설하고 있다

아, 상처받은 가을의 대지
죽어가는 엄마의
젖가죽 같은
이 땅의 가을이여

모든 걸 뒤덮을 천국의 담요를
기다리자
빙하기를 맞이하자

이 봄에 눈이 내린다

사월의 꽃

사월이 오면
꽃이
사라진다

꽃은 녹아
길이 되고
꽃을 때리던 바람은
꽃나무가 된다

꽃은 사라져도
꽃의 님은
꽃술에 머물고
꽃잎은
님의 살결이 되고

목련의 봄

난장판이다
목련 한그루가
비온 대지를
빗물보다 더
뿌리보다 더
난장질 중,

목련은 스스로 거부하는
잎을 떨구어
눈이 된다
겨우날 도로 한켠에 치워진
흑채의 눈,

낙화가 아니다

꽃, 그 이중주

남쪽으로 꽃구경 가잔다
아내가
남쪽에 오니 꽃은 제대로 없고
스스로 꽃이 되었다

하,
이쁘다
사람의 꽃이
꽃보다 아름답다

뿌리

거칠고 더럽고도 은밀한 곳에
손을 밀어 넣어라
무성하고도 질펀한 대지의 곳에
너의 비겁한 손을 찔러 넣어라
그리하여 너의 지독한 싹을
틔울 수 있으리
그리하여 너의 파상풍 같은 꽃을
피울 수 있으리

너의 아름다운 용렬한 외모로
봄의 허구는
시작되고

더불어

더불어 살아본 사람은 정이 많다
더불어 살아본 사람은 눈물이 많다
더불어 살아본 사람은 슬픔이 많다

떠나지 않을 나를 보내고도
눈물을 흘린다
돌아올 여행을 떠나도
슬픔에 잠긴다

더불어 살아본 사람은
헤어지지 않을 삶을 살아도
슬프다 한다

더불어 살아본 사람은
늘 데리고 다녀도
정을 낸다

누구에게나 시는 있다

홀로 걷는 아가씨의 은밀한 미소에는
사랑의 시가 있고

홀로 걷는 초로의 온화한 미소에는
가족의 시가 있고

홀로 걷는 청춘의 불안한 발걸음엔
미래의 시가 있고

둘이 걷는 커플의 따스한 손과 손에는
동행의 시가 있고

둘이 걷는 넥타이의 은근한 몸짓에는
돈의 시가 있고

둘이 걷는 노부부의 오래된 얼굴엔
믿음의 시가 있다

나는 늘 그녀가 주는 시가 있다

먼지1

나 어릴 적 먹고 큰 것은
먼지다

축구하며 운동장에서
마신 먼지
공납금 늦게 낸다고 얻어맞으며
피던 먼지
어머니 손잡고 가래떡 방앗간을
지키던 먼지
아버지가 사육하던 돈벌레,
실은 바퀴벌레 똥먼지

밥보다 많이 먹은 먼지 덕에
나는 지금도
먼지 같은 자존심을 지켜내고 있다

어떠한 경우에도 사라지지 않는

먼지2

너희는 나의 갈비뼈로 만들었나니
딸들에게 설교했다

나는 너의 용가리 통뼈다
아내가 간증했다

먼지 먹고 만들어진 뼈마디가
오늘도 쑤신다.

너, 나, 그의 변주곡

봄바람이 따뜻한 게 아니다
너의 봄이 따뜻한거다

봄이 왔건만 나의 봄은
지난 겨울의 어린 달빛이고

겨울바람이 차가운게 아니다
너의 겨울이 차가운거다

겨울이 왔으나 나의 겨울은
네 봄비의 눈물이 되고

사람의 편지

편지함에 내게 온 편지는 오늘도 없다
그들이 보낸 일방적인 메일이 있을 뿐이다

E메일에 내게 온 메일은 없다
그들이 매일 보내는 우편밖엔 없다
휴대폰에 내게 온 문자는 없다
그들이 유혹하는 냄새나는 햄들만 가득하다

분명한 것은 그들은 사람이 아니다
어제도 오늘도 내가 받고 싶은 건
사람의 편지다
특별한 날만 받은 딸의
편지가 그립다

카프카

아내의 그것과 내 것이 닮았다
세월이 갈수록 점점 닮아간다

닮을 수 없는 것이 닮아가고
닮아서는 안 되는 것조차 닮아간다

변신하고 있는 것이다

진화는 아닌 듯하다

흔적

맨발로 걸어온 길을 본다
발자욱이 없다

바다를 걸었었다
구두를 신고 걸었다
소발자국만 찍혀 있다.

인드라 망

나에게 지는 노을이
그렇게 아름다운 것은
누군가의 여명이기 때문이다

내 헐벗은 침묵의 돌이 되리니

누군가는 잉태하여
지독한 꽃한송이 피우리

상투적인 시

나는 텅 빈
산의 집,
하나를 보면
아!
그 집이 그립다

나는 텅 빈
대지의 불빛,
하나를 보면
사람이 그립다

불빛 아래
보듬고 있을
망부석 같은 사람이
그립다

길 위에 서다

길을 가다
섰다
인생이 길인 줄 모르고
서버렸다

인생은 구름인 줄 알고
바라보기만 했는데

인생이 길인 줄 알았더라면
이렇게 오랫동안
서있진 않았을 텐데

Ⅲ

떠나 보내는

만나다

베이징의 젊음과 패션가
싼리툰 건너편 카페거리를 걷다
깊은 골목길
입식상立式床에 딱딱한 나무의자에 엉덩이를 걸치고
빼빼마른 얼굴에 돋보기를 낀 채
뭔가를 쓰고 있는 한족노인을 보다
서기 1585년 명나라 신종 때
칙칙한 무더위에 먹을 곱게 갈아 세필로 찍어
"居卑以後
知登高之爲危……."
써내려 가던
홍자성을 만나다
눈물이 핑 돌다

오늘도 내 하얀 벽에 필사한 "居卑以後……."를 보다
수백년이 지난 언어로
내 방에서 그를 만나다
낯선 절친의,

사랑 그리고 이별 준비

나는 나를 적으로 삼아
그대를 산처럼 무지개처럼
풍경처럼 사랑하고 있다

나는 나를 적으로 삼아
그대가 뱉어 내는 욕설과 시야에 머무르는
아리랑이빛 산야 같은 먼 그대,
그리움으로 사랑하고 있다

자궁 속 태반을 씹으며 견뎌온
내 생명의 실존도 실은,
나를 토해내며 그대를 사랑하기 위해서 인 것을
안다.

애잔한 썰물 소리에
통곡하며 머릴 조아린 목선의
메마른 잿빛 메아리

저문 저녁 밥 때를 놓칠까 안타까이
나를 찾는 어머니의 자상한 모국어 음운이
텅 빈 바다를 울린다

죽은 모정을 기억하기 위해
나는 나와 동행하기로 했다
만곡의 해안선을 따라
그대를 하나씩 하나씩
썰물에 띄워 보내기로 했다.

감동

아내를 울려 본 적은 있다.
하 · 지 · 만
아내가 내 마음에 감동받아
운 적은 없다

눈물로 만든 내 아내.
억겁광년
시공간과 마주한 나
그 뒤와 옆을 늘 서성이며
함께하는 님의 이마쥬

난 언제나 그의 눈물에
감동하곤 했을 뿐,

아프다는 것

아프다는 것은
몸의 고통으로
잃어버린 자아를 확인하는
영혼의 오열
님의 선물이지.

자아로 텅 빈 시간과
한가로이 마주하다

이제서야
너를 느끼는 듯…….

진실

춘풍에 마른 빨래를 걷다
각진 쪽빛 하늘을 본다
고마운 하늘

내 머리 위엔 멍한 우주로
장식된 텅 빈 네가
늘 그렇게 있었다.

잊어버렸다.

나의 과거는 기억으로 왜곡되고
나의 미래는 불안으로 굴절되었다는 것을

결코 본 적도 없는
느낀 적도 없는
나의 동공에 투사된
쪽빛 하늘만이
진실이었음을

20년 전 신부

안타까움이 님의 방문을 열게 했다
그리움, 초겨울 백색 초승달의 그리움으로
님을 맞이했다.

아득한 심미의 기억으로
맺힌 눈물을 닦아야 한다
하이얀 신부의 눈물을

거룩한 님의 침묵 앞에 서서
암묵의 고결한 약속
빗장을 걸고
금색 비녀를 상투에 꽂게 되었다

님의 침묵은 그대를 위한 노래가 되었고
님은 이슬 머금은 태초의 하와가
된 그 날.
청초의 하늘이 그대를 감싼다.

사람으로 살아간다는 것은

만추의 산사
초동招冬의 그윽한 마른 바람
마지막 잎새들의 틈새로 바라다 보이는
청초의 하늘 빛, 그 위에 구름 하나

사람으로 살아간다는 것은
인산인해 패션가 한켠의 돌의자
초야初夜의 수은등 아래 무수한
소음과 속삭임 들여다보는
내가 그들이 되는 그 무엇

사람으로 살아간다는 것은
여명黎明의 운판소리와 법고의 여명餘鳴
십자가 아래의 범종 물씬한
위산의 속쓰림 텅 빈 몸으로 만나는
텅 빈 신명神鳴

병病

그것은 언제나 목쉰 까마귀 음정으로 다가오는 절제된 언어.
매순간 생멸하는 육신의 그물에 용케도 놓치지 않고
두 손 맞잡은 한 폭의 하늬바람.

진땀 흘려 얻은 순간의 단내 나는 안식의 시간,
순교의 사랑에서나 맛보는 삶 언저리의 고독한 충만.
자궁 문을 비집고 온몸을 감싸던 첫 햇살 때나
느껴보던 그 파리한 어린 감정.
해거름 봉창문살로 헐벗은 겨울산행을 퇴고推敲하던
마지막 햇살 때나 느껴보던 그 노숙老熟한 이지.

그것은 언제나 살아서나 맛보는 낭만주의자의
한 줄 시.
데까당뜨의 유희.

낮잠

뇌사만 겨우 면한
진공을 부둥켜 쓰러지는 뇌, 뇌, 뇌
뉴런의 미동조차 허용치 않는
기절한

경추 측만에 준한 길어진 모가지
늘어진 침샘 수음하는 숨, 숨, 숨
낙수落水하는 그대 향기로운 진액
시집 한 권
다 적신

단장斷腸의 혼몽한 눈시울
시속 200Km 뿌려대는 피, 피, 피
아라야식과 공기의 피에스타만
살아남은

단상斷想 I -1

선과 면
그리고 공간이 상정한 時時

그곳에서 욕망이 꽃피다.

미워할 수 없는 달디 단
이 봄날에
내 눈은 욕애만을 응시한다.

나의 욕망만이 투사된 이 봄이
그토록 진실이라던 '일상'이던가

슬픔조차 미동치 않는 정서 없는 욕망만이
진정, 유혼처럼 떠도는 미혹된
일상이라는 진리이던가

이 詩詩한 선면이…….

단상斷想 Ⅰ－2

시시時時한 선線상
자오선, 지평선
그리고 일몰의 오솔길
……
그대 등 그림자
까맣게

너에게 불안을 찾아 볼 수 없지
내가 그려 넣은
수묵화
한 점이니까

채색된 수묵화
욕망이
걷고 있지

불안을 걷어낸
욕망만이

그 시시詩詩한 진실의
일상이 되지

단상斷想 Ⅱ

아! 그것이 무엇이던가

이생이 다하는 날까지 고이 간직하리라 소망하던,
작은 조막손에 모래 한움큼 꼬옥 쥐고 맹서하며
가슴을 떨게하던,
그 그리움과 어린 황혼의 맹세
그것이 무엇이던가.

이 생이 다하도록 처절히 부여잡던,
낡은 야상에 찢어진 군복바지 속에 원한지듯
품고 보듬던, 첫사랑의 열정보다 지독하게
번열한 가슴에 쑤셔넣던,
그 원초적 이데아와 청춘의 맹세.
안정과 구도심 노숙한 이지심만으로는
다신 찾을 수 없는, 그것.

찾아 떠나야 한다. 수십억 년을 받쳐던
이 무거운 땅의 원초적 단자單子를 찾아,

수백억 광년의 한 오라기 사랑의 별빛을 찾아,
나는 오늘도 목쉰 심장을 부여잡고
그 곳을 여행하리라.

별빛에 내가 산화하고
어린 왕자가 환원하던 그 유심唯心의 자리에.

팔공산1

산이
묵직하다

선사先史의
주름살로

견성見性을 알 만하다.

팔공산2

하늘 빛 안
능선을 선명히 드로잉하다
그 아래 산이 걸어 들어간다

대구미술관
이쾌대의 인물들이
산을 걸어 나온다.

나는 자연임에 틀림없다

나는 계절임에 틀림없다.

새순을 품은 대지,
생명을 속삭이던 한줄기 그 바람에도
나는 어김없이 풍사風邪감기에 걸리곤 한다.

'발아'를 보다 화려하게 성장盛裝하려던
그 봄비의 뇌성에도
나는 어김없이 기침감기에 걸리곤 한다.

피곤한 장마가 저물 즈음엔
내 안마당에 들어찬 먼 산,
함께 걸려온 운무 속에
나는 또 어김없이 습사濕邪감기에 아파하곤 한다.

만개한 뜨락,
치명적이었던 잔치를 거두어 들이는
그 붉은 빛의 열매가 불러온

숙살肅殺지기를 맞이하는 때에도
나는 어김없이 열매의 슬픔에 젖어
폐포 속 깊은 곳에서 우러나는
가래 기침을 내 뱉곤 한다.

새 생명의 '발아'를 향한 모든 에네르기를
희생하는 남극 수컷 펭귄의 처절한 부화,
살을 에고 털이 찢기는
바로 그 수렴의 계절이 오면,
오직, 오직, '발아' 외에는 의미가 없는
미친 그 계절이 오면,
숨쉬기조차 어려운…….
이비인후가 다 막힌…….
불안한 심장소리에만 집중한…….
지독한 감기를 그 계절 내내 달고서는
심장 내음을 맡곤 한다.

계절이 내가 되는 항상성…….
아! 나는 자연임에 틀림없다.

Ⅳ

여행

서울의 사람

서울에 있으면
사람이 너무 많아서
외롭다

채팅하거나 웹 하거나 말하거나
소외되거나

서울에 가면
사람이 너무 많아서
서럽다
손님 취급을 앓거나
서러운 눈길을 주거나
비리한 웃음을 뱉거나

서울에 오면
사람이 너무 없어서
외롭다
창문 없는 벽으로

얼굴을 내밀고
정 없는 온정으로
손을 내밀어도
잡을 손이 없거나
사람 없는 손이거나

마포

마포에 빈대떡 골목을 가면
나는 사람이 아니다
손님이다

마포에 빈대떡 골목을 가면
나는 가난해진다
빈대가 된다

천국 같은 빌딩들이
행복하진 않지만
부자라 말한다

마천루 아래 잘살기를
포기한 뒷골목 빈대떡 젊은 주인아주머니의
힘없는 눈시울이
내가 손님으로 살게한다

마포에 빈대떡 골목에 가면
나는 가난하고도 행복한 빈대가 된다

나를 위하여2

너도 외로워하는 구나
공덕 네거리 뒷골목
설렁탕집
수육과 함께 너도 마를 줄 아는구나

너도 아파하는 구나
아파도 아픈 척 하지 말고
아파라

너도 부끄러워하는 구나
부끄러우면 남성이 되지 말고
아이가 되어라

너도 쓸쓸해 하는 구나
쓸쓸하면 누군가 말 걸어 주길 기다리지 말고
혼자 말해라

나를 위하여 나를 때리지 말고

너를 한번이라도 안아봐라

나를 위하여 나를 연민치 말고
너를 한번이라도 만져줘라
네 마음이 손잡을 때까지

손 잡았으면 싸우지 마라

어두운 밤, 명동성당
별이 쓰러진 뒷골목에서 홀로
울어본 적 있는가

서울타워 난간
자물쇠로 맞잡은 손
그렇게 한 약속인데
오래된 약속은
구속이던가

외로워서 싸우지 마라
손을 놓고 싶으면
열쇠를 찾아 서울타워로 가라

낮엔 이토록 행복한 사람들도
밤이면 외로운 별 하나
가슴에 안는 법이다

한번 잡은 손이면 별이 쓰러질 때까진
놓지 않는 법이다

어느 미술관 전리품에서

모조리 꺼집어 내어야 하리
죽어가는 물고기
시든채 화석된 모란

땅 한번 디뎌보지 못한
물 한방울 마셔보지 못한
매 · 난 · 국 · 죽

미덥지 못한 공기에
분청사기 · 청화백자 갑옷에
유리관까지다

삼족 사족 오족의
청룡조차 숨쉬기 어려운
이들이 사는 하늘엔
별이 세 개만 떠있다

벤치

숙명여대 순헌관 앞에는
물결을 닮은 벤치가 있다.
벤치 위에 물새가 허공에
매달린 물줄기와
수다스런 담소 중이다

숙명여대 순헌관 앞뜰에는
나무를 닮은 벤치가 있다
뿌리내린 벤치에서
용비어천가 향기가 난다

서울 지하철

발밑이 정거장이다
살아선 갈 수 없던
벽이었던 땅을
철새의 길로 달리는 이

함께할 수 없던 이를
은유는 버리고 직유로
'같이' 날게 하는 이

꿈꾸었다 깨면,
햇살을 느끼고 싶다면,
발밑으로
눕지 말고
걸어서 가거라

서울역사 앞

서울역사 앞을 거닐다 보면
술 취한 비둘기를 만날 수 있다
이 봄 내내 봄빛에 취해
눈으로 술을 마셨는지
눈알이 통째로 벌겋다
어제 밤엔 밤새도록 눈뜨고 마셔버려
이젠 아예 깜박일 수조차도 없다

뒤뚱거리며 걷는 그의 뒤로
그림자 하나 산산조각
떨어져 나간다
그림자 한 조각 밟아버린 나는
매일 불면의 밤을 보내고 있다

노아의 방주

흙을 파내
땅속에 창문을 냈다

벽이었던 땅을
하늘로 만들었다

이화여대 학생들은
우주의 고결한 양심, 흙에서
지식을 배양한다

혹, 청춘의 떨어진 안타까운 씨앗을
품은 이 있다면
이화여대 ECC바닥에 앉아라

가장 깊은 돌바닥에 앉아
흙의 전설을 듣고
노를 저어
떨어진 씨앗을 키워내라

까페는

공부 중

집이 떠난 자리에
까페가 곳곳이다

신촌의 까페는
모두가 공부 중이다

공부하기 싫은 청춘은
모두 까페로 오라

공부하고 픈 늙은 청춘은
늙지 말고 모두 까페에 앉아라
앉아서
삶의 흔적을 펴지 말고
시집을 펼쳐라

탐욕의 침을 꿀꺽 삼키지 말고

공부하는 청춘의 차가운 커피를 삼켜라

길건너 까페는
공사 중

말, 말, 말

말이 공기보다 많다
말이 네모난 건물보다
짙은 화장 내음보다
수은등 불빛보다
더 빨리 각지고 있다

명동성당 주변 호텔 카페에는
둥근 입술에서 나오는
둥근 말은 없고
네모난 말 세모난 말
육각, 팔각의 말만 있다

침묵한 나는 상형의 입으로
말을 듣는다
동그란 귀속으로는
말이 들어가지 못한다

카페 앞뜰의 버드나무는

조용한 몸짓으로
눈에게
말을 건다.

전쟁기념

삼차원 공간을 갈라 세웠다
허공으로 치솟은 단발의 총알이
장전된 대지를 밀고 나와
시대의 벽으로 두 공간을
찢어 놓았다

기념할 것은 아니고 기억해야할
전쟁기념관에는
벽에 눌러 붙은 초상이 만연하다
점안되지 않은 분노의 동공으로
부러진 새의 날개를
하나씩 품고 있다

전쟁기념관에는 조경수 식재하고
손수레에 등기대어 쉬는 아저씨도
상처 입은 초상이다.

교육으론 기억되지 못할

기억을 기념하기 위해
광장에 교복과 단복입은
아이들의 즐거운 소리가 만연하다

찢어진 두 공간 사이에
공명하고 있다

가톨릭대 소나무 교정에 가서

바람에 머리를 감아라
물로 감지마라
물로 감으면 너의 분노가
슬픔이 되어 오랜 너를
무너뜨리니

사람으로 네 머리를 감지마라
그로써 너는 이 세상에
부랑의 여행자로 남게 되니

바람으로 네 머리를 감아라
너의 상념과 사랑을 모두
그에게 주어
치열한 봄날에 살게 하라

찍기

꽃을 찍는다
이름은 중요하지 않다

꽃을 찍는다
만발한 잎은 소외된다

잎은 넝쿨 채
누군가를 back-hug 해야만
찍힐 자격이 있다

오는 이마다 꽃을 찍고
이화여대 강당을 안고 있는
잎만 찍는다

꽃을 안은 잎을 찍는 꽃의
뒷모습이 더 눈부시다
꽃보다 잎보다

태초의 만찬

돌에 꽃이 피었다
석화가 아니다
돌꽃이다

거제 신선대 기암에
꽃이 피네
꽃이 피네

화석의 결 따라
내가 묻혀있네
네가 들여다 보네

평등

장승포 앞바다에 가면
갈매기가 반말을 한다

몹시 짧다
'야아'

등대가 짧다고
누구에게나 반말이다
평등한 세계다

갈매기의 집은
바다가 아니다
등대다

부처되는 법

해인사 부처님의
복장腹臟을 갈랐다

그 속을 내가 차지했다
그래도
부처가 되진 않았다.

두 동강난 불상이
날 안고
웃고 있었다.

진도의 수평선

수평선이 열리면 떠나라

비열한 하늘의 무게 때문에
수평선이 가라앉는다

음모로 가득찬 차디찬 바다에
수평선이 무너진다

무너진 수평선은 직하의 폭포가 되어
너를 삼켰지만
누구나 부활한다는 믿음의
태양의
심장으로 들어가라

하늘과 바다를 가르는
영원한
평등의 직선 위에

너의 말간
얼굴을
보여다오

우리의 용서 받지 못할 죄 많은
붉은 혀를 잘라
너의 발을
닦아주리라

기차와 나

기차를 탔다. 기차가 달린다.
기차가 가는 것과
내가 가는 것은 다르다

기차는 가고 있고
나는 있는 대로 갈뿐

기차가 차지한 공간과
내가 차지한 공간은 다르다

기차는 힘겹게 시공을 밀고 있다
나는 기차가 출발한 시공에 존재한다

많은 사람이 함께 탔다
나 혼자만 달리고 있다
내리지 않을 종착역을
향해

기차의 종착역과
나의 종착역은 다르다

통찰을 통한 미학

권오휘(시인)

『열자』의 '양주'편에
呑舟之魚, 不游之流

'배를 삼킬 만큼 큰 물고기는 얕은 물에서 놀지 않는다.'라는 의미로 김운태 시인의 시를 읽다 보면 이 구절이 생각난다.

시를 쓰는 사람의 측면에서 보면 이 글귀 속에는 좋은 시의 조건이 들어 있다. 배를 삼킬 만큼의 큰 물고기는 얕은 물에서 놀지 않는다는 것은 시의 본질을 중시한다는 의미이다. 또 달리 보면 그 본질은 늘 함께 하는 것이 여백이다. 좋은 시는 산사에서 울려 퍼지는 종소리의 여운과 같다. 그 여운은 시인의 감성을 자극하여 자신의 내면의 깊이 숨어 있는 진정성을 끄집어내는 것이다. 시에서 진정성이란 시가 바닥까지 내려가 본 경험이 있는 시인만이 쓸 수 있는데 김운태 시인의 시는 그러한 것들을 다 충족하고 있다.

그의 시는 우선 만들어지지 않고 사물에 대한 통찰의 심안으로 터득한 철학이 담겨 있다. 그의 시는 다분히 미래를 향한 미학이다. 청년의 젊음이 보인다. 회상의 그림자가 아닌 유려하고 섬세한 필체로 대상에 대해서 거침없이 쏟아 내고 있다.

Ⅰ. 미래를 향한 그리움

그의 시의 특징을 말할려고 한다면 끊임없는 변화이다. 과거의 감상과 그리움이 아니라 미래를 향한 고유의 리듬과 섬세한 감각이 특징이다.

순수한 것은 독하다.

새싹도 독하고
아이도 독하고
씨앗도 독하다

첫사랑은 더 독하고
마지막 사랑은 지독하다

봄은 더 지독하여
마침내
가을을 부르고 말았지

–「순수한 것은 독하다」 전문

위 시 한 편은 우리의 시인이 얼마나 대상에 대한 깊은 통찰에 닿아 있는지를 볼 수 있다. 특히, 봄은 더 지독하다 / 마침내 가을을 부르고 말았지 라는 표현에서 그가 얼마나 대상에 대한 고민하고 미래를 생각하고 있는 시인인가를 보여주는 좋은 예라고 할 수 있다. 그는 고독의 바닥이 무엇인가를 알고 동시에 고독의 부질없음을 이해하고 있다.

다음의 시를 보자.

청춘아
청춘이 물러감을
서러워마라
돌은 오랜 청춘의 벽으로 돌아와
네 얼굴을 화석으로
간직하나니

이 땅이 늙어가는 것
본 적 있는가

삶의 오랜 흔적
그 미래를 품고 있을 뿐

청춘은 물러갈 수
없는 법

모든 시공을 안은 채
이 순간에도
네 호흡에
생경한 채로
그대로이니

—「늙어가는 돌을 본 적 있는가」 전문

위의 시는 청춘의 순간을 그린 시이다. 시인은 그 순간, 돌은 오랜 청춘의 벽으로 돌아와 / 네 얼굴을 화석으로 / 간직하니 〈중략〉 삶의 오랜 흔적 / 그 미래를 품고 있을 뿐으로 처리하고 있다. 놀랍지 않은가? 시인은 청춘의 꿈틀거리는 시절이 미래로 돌아가 화석으로 그리고 또 다른 미래를 잉태하고 있다. 심지어 시공까지 안은 채로 한 편의 영화의 한 장면처럼 매혹적이다. 삶이란 어차피 일회성이다. 그 일회성을 지나 폐부 깊숙이 가라앉은 통찰의 기운으로 시각화하고 있다.

썩어가는 뿌리를 부여잡고
애원하고
언 땅을 쓰다듬으며
눈물도 지었지만

단연코 꽃피우지 못한
꽃의 설움을
지켜내었던가

이기심으로 이겨낸
이 봄의 허상들에

기어이
눈에 묻혀 돌아간
꽃들을
돌아보라

—「꽃피우지 못한 꽃을 아는가」 전문

위 시에는 꽃이 지내온 삶의 여정을 현장감 있게 표현하고 있다. '썩어가는 뿌리를 부여잡고 / 애원하고 언 땅을 쓰다듬으며 / 눈물도 지었지만 / 단연코 꽃피우지 못한 / 꽃의 설움을 / 지켜내었던가' 에서 뿌리=설움이라는 등식이 들어 있고 그 속에는 생에 대한 그의 지독한 반어가 꿈틀거리고 있다. 눈물과 서러움 그리고 애정이 함께한 언어적 감각을 잘 보여주는 부분이라 하겠다.

Ⅱ. 바람 소리 같은 언어들

그의 시는 청아한 파도 소리와 소라 소리이다. 잔잔한 수평선에서 불어오는 바람이다. 그리고 그 파도 소리와 바람에서 고요하게 울려 퍼지는 여유와 그리움을 묻어나게 한다.

나는 시를 쓰지
않았다
나는 시를 만들다
버렸다
나는 시를
주워야겠다

국문학을 전공했다. 시는 쓰지 않고
언어만 들여다보았다
문장작법 시간에 시를 만들다
밀가루 반죽이 되어버렸다.
길가에 똥개에게
줘버렸다

시는 얻어야한다는 걸 아는데
생의 반이 걸렸다.

두 팔을 벌려 아내를 안아본다
시를 얻어볼려고
때론 햇살도 안아보고
나무도 안아본다.
꽃도 때려보고 또 맞아보고
아버지도 불러보고

–「얻어 걸린 시」 전문

세상에 시를 주울 수는 없다. 그렇지만 시인은 시를 쓰지 않고 줍는다고 말한다. 그는 시를 만들다 밀가루 반죽을 만들었다고 술회한다. 그리고 그는 시는 얻는 것이라고 강조한다. 그 속에서 그만큼 그는 시 작업에서 통찰을 통한 자연성을 강조하고 있다.

시를 얻어야 한다는 걸 아는데 / 생의 반이 걸렸다 / 두 팔을 벌려 아내를 안아본다 / 시를 얻어볼려고 / 나무도 안아본다. / 꽃도 때려보고 또 맞아보고 / 아버지도 불러보는 행위를 한다. 시인은 시를 얻기 위해 처절하게 고뇌한다.

시인은 시를 쓰면서 자신이 시를 쓰기 위해서는 시를 얻어야 함을 깨닫는 데는 무려 인생이 반이라는 시간이 필요하고 한다고 한다. 슬프고도 씁쓸한 상황으로 생에 대한 깊이 있는 관조의 모습이 보인다.

빛은 밝아서 빛으로 가는 것이 아니다
어둠으로 가는 길을 몰라서
어둠을 등진 것일 뿐이다

어둠에도 길이 있다
는 사실조차 잊은 채로
빛을 향한 것은
빛만이 희망이라서가

아니다
어둠의 길을 걸어보지 못한
불안 때문이다

빛을 따라 간 자리에서 만난
기망의 창조주 앞에 엎드린 그대여
이제 촛불을 꺼야한다

빛이 사라진 그 자리에
오직 길이 있으리
오직 너와 내가 있고
사랑이 있으리
오직 회귀가 있으리
그리고
다시 만나리

–「길」 전문

위의 시를 보면 보이는 것이 다가 아닌 그의 통찰이 잘 묘사되어 있다. 사물에 대한 세심한 관찰이 시 속에 골고루 들어 있다. '빛이 사라진 그 자리에 / 오직 길이 있으리 / 오직 너와 내가 있고 / 사랑이 있으리 / 오직 회귀가 있으리 / 그리고 / 다시 만나리'에서 보듯이 다분히 불교적이다. 이 시를 접하게 되면, 길 위에 길이 있고, 길 아래에 또 다른 길이 보인다. 空과 輪回思想에 바탕을 두고 잠시 들렀다 가는 이생의 한 모습을 유려하고 섬세한 감각으로 노래하고 있다.

사월이 오면
꽃이
사라진다

꽃은 녹아
길이 되고
꽃을 때리던 바람은
꽃나무가 된다

꽃은 사라져도
꽃의 님은
꽃술에 머물고
꽃잎은
님의 살결이 되고

–「사월의 꽃」 전문

위의 시에서도 알 수 있듯이 시인이 사물을 통찰하는 바탕에서 윤회사상이 자리함을 볼 수 있다. '꽃은 사라져도 / 꽃의 님은 / 꽃술에 머물고 / 꽃잎은 / 님의 살결이 되고'에서 보듯이 보이는 것과 보이지 않는 모든 것은 그 존재에 의미가 있다. 그 의미는 새로운 것을 향해 있다고 시인은 노래한다. 그리고 '남쪽으로 꽃구경 가잔다 / 아내가 / 남쪽에 오니 꽃은 제대로 없고 / 스스로 꽃이 되었다 / 하, 이쁘다 / 사람의 꽃이 / 꽃보다 아름답다 –「꽃」에서 세상에 존재하는 그 어떤 것보다 더 아름답고 소중한 것이 바로 사람임을 강조하고 있다. 존재와 윤회는 둘이 아니다. 존재한다는 것은 변할 수 있고, 그 변화는 또 다른 존재의 근원이 됨을 시인은 말하고 있다.

Ⅲ. 소리도 그림이 되다

시인의 작품을 보면, 하늘과 땅을 연결하는 고리가 통찰임을 알 수 있다. 그 고리는 하나가 아니라 여럿일 수도 있다. 때론 하늘에서 내리는 눈이 하늘과 땅을 잇는 고리가 될 수도 있다. 물론 바람도 하늘과 땅을 잇는 매개체가 되기도 한다. 시인에게 있어서 하늘과 땅을 연결하는 소재는 시이다. 그는 시를 통해서 하늘도 되고 땅도 되기를 원한다.

홀로 걷는 아가씨의 은밀한 미소에는
사랑의 시가 있고

홀로 걷는 초로의 온화한 미소에는
가족의 시가 있고

홀로 걷는 청춘의 불안한 발걸음엔
미래의 시가 있고

둘이 걷는 커플의 따스한 손과 손에는
동행의 시가 있고

둘이 걷는 넥타이의 은근한 몸짓에는
돈의 시가 있고

둘이 걷는 노부부의 오래된 얼굴엔
믿음의 시가 있다

나는 늘 그녀가 주는 시가 있다

—「누구에게나 시는 있다」 전문

위의 시에는 서로에게 연결하는 고리가 '시'이다. 어려서부터 시인은 시를 좋아했다. 선천적이 끈이라고 볼 수 있다. 그의 시에는 화려한 기교는 없다. 단지 여운이 남아 있을 뿐이다. '홀로 걷는 청춘의 불안한 발걸음엔 / 미래의 시가 있고 〈중략〉 둘이 걷는 노부부의 오래된 얼굴엔 / 믿음의 시가 있다 / 나는 늘 그녀가 주는 시가 있다'에서 보듯이 시인의 저변에는 가족의 끈끈한 정을 볼 수 있다. 시인이 되기 전에 한 사람의 인간이고 그 기본에는 사랑하는 가족이 있다는 것을 보여준다. 김운태 시인은 가장 인간적인 시인이기도 하다. 위의 시는 한 편의 그림이다. 사랑과 정이 그리고 촌철살인과도 같은 비판도 하는 눈을 지니기도 한다.

다음의 시를 보자.

길을 가다
섰다

인생이 길인 줄 모르고
서버렸다

인생은 구름인 줄 알고
바라보기만 했는데

인생이 길인 줄 알았더라면
이렇게 오랫동안
서있진 않았을 텐데

—「길 위에 서다」 전문

위의 시는 시가 인생이고 인생이 길인 줄 알게 되었다고 한다. 시인은 자신의 삶을 길로 표현하면서 길 위에 잠시 쉬는 것조차 아까워하고 있다. 시인은 '인생은 구름인 줄 알고 / 바라보기만 했는데 / 인생이 길인 줄 알았더라면 / 이렇게 오랫동안 / 서있진 않았을 텐데'라고 길 위에서 길을 보며 우리에게 인생의 씁쌀한 뒷맛을 남겨주는 매력을 선사하고 있다.

또 다른 시를 하나 더 보자.

나는 나를 적으로 삼아
그대를 산처럼 무지개처럼
풍경처럼 사랑하고 있다

나는 나를 적으로 삼아

그대가 뱉아 내는 욕설과 시야에 머무르는
아리랑이빛 산야 같은 먼 그대,
그리움으로 사랑하고 있다

자궁 속 태반을 씹으며 견뎌온
내 생명의 실존도 실은,
나를 토해내며 그대를 사랑하기 위해서 인 것을
안다

애잔한 썰물 소리에
통곡하며 머릴 조아린 목선의
메마른 잿빛 메아리

저문 저녁 밥 때를 놓칠까 안타까이
나를 찾는 어머니의 자상한 모국어 음운이
텅 빈 바다를 울린다

죽은 모정을 기억하기 위해
나는 나와 동행하기로 했다
만곡의 해안선을 따라
그대를 하나씩 하나씩
썰물에 띄워 보내기로 했다

—「사랑 그리고 이별 준비」 전문

위의 시에서도 대상을 바라보는 시각이 매우 서정적이다. 사랑에 대해 진지하게 고민하면서 진정한 사랑을 위해 자신을 내려놓고 보내며 다시 맞이하는 가벼운 반어적 시선으로 처리하고 있다. '애잔한 썰물 소리에 / 통곡하며 머릴 조아린 목선의 / 메마른 잿빛 메아리 〈중략〉 죽은 모정을 기억하기 위해 / 나는 나와 동행하기로 했다 / 만곡의 해안선을 따라 / 그대를 하나씩 하나씩 / 썰물에 띄워 보내기로 했다'에서 보이듯이 소리도 그림이 될 수 있음을 알게 된다. 이 시에서의 핵심은 시간이다. 모든 것은 시간이 지나면서 격정도 아픔도 슬픔도 모두 자정되기 마련이다. 그 중심에 시간이 자리하고 있다. 시인은 그 시간 속에서 어머니에 대한 그리움을 간직하고 생에 대한 깊은 관조적 자세를 지니고 있다.

Ⅳ. 바람의 방향은 무소유다

살면서 우리는 현재도 중요하고 미래도 중요하다. 시인의 시는 미래를 향한 통찰을 중요시하고 있지만, 김운태 시인과 필자와의 인연은 한 세기를 거슬러 올라간다. 강산이 세 번이나 바뀌었다. 되돌아보면 그 세월이 유정하기만 하다. 사람과 사람의 관계에서 이 정도의 인연이면 보통의 인연은 아니겠다. 그래서 그 동안 공유하는 추억도 함께할 수 있는 여백도 많다.

춘풍에 마른 빨래를 건다

각진 쪽빛 하늘을 본다
고마운 하늘

내 머리 위엔 멍한 우주로
장식된 텅 빈 네가
늘 그렇게 있었다.

잊어버렸다

나의 과거는 기억으로 왜곡되고
나의 미래는 불안으로 굴절되었다는 것을

결코 본 적이 없는
느낀 적도 없는
나의 동공에 투사된
쪽빛 하늘만이
진실이었음을

—「진실」 전문

시인이 보여주는 시의 핵심은 새로운 세계와의 만남이다. 자신의 또 다른 눈을 통해서 보이는 세계와 보이지 않는 세계에 대한 통찰이 그의 시의 특징이다. '춘풍에 마른 빨래를 건다 / 각진 쪽빛 하늘을 본다 / 고마운 하늘 / 내 머리 위엔 멍한 우주로 / 장식된 텅 빈 네가 / 늘 그렇게 있었다. / 잊어버렸다' 에서 보듯이 그는 여백을 늘 '그렇게 있었다.'로 깔끔하게 처리하고 있다. 여백은 늘 존재하는 것이고 그 존재는 보이는 것도 보이지 않는 것도 다 안고 있음이 현실이란 것을 시인은 알고 있었기 때문이다. 어쩜 이 여백이 시인의 칼날 같은 인식을 현실이란 큰 틀 앞에서는 조금 무디어질 수도 있음을 보여준다.

그리움은 기억으로 존재할 때 의미가 있다. 그래서 그리움은 과거와 현재의 끊임없는 대화가 그 연결 고리가 될 것이다. 그 고리는 소수의 주된 기억이 아니라 다수의 흩어진 파편들의 융합이다. 그래서 시인의 이야기는 시인의 개인 이야기인 동시에 우리들의 이야기이기 때문에 가슴에 와 닿는다.

> 만추의 산사
> 초동招冬의 그윽한 마른 바람
> 마지막 잎새들의 틈새로 바라다 보이는
> 청초의 하늘 빛, 그 위에 구름 하나
>
> 사람으로 살아간다는 것은
> 인산인해 패션가 한켠의 돌의자
> 초야初夜의 수은등 아래 무수한
> 소음과 속삭임 들여다보는
> 내가 그들이 되는 그 무엇
>
> 사람으로 살아간다는 것은
> 여명黎明의 운판소리와 법고의 여명餘命

십자가 아래의 범종 물씬한
위산의 속쓰림 텅빈 몸으로 만나는
텅빈 신명神鳴

-「사람으로 살아간다는 것은」 전문

아름다움은 모든 가치의 출발이다. 아름답기 때문에 진실할 수 있고, 진실하므로 오래 사랑을 받게 된다. 인간의 신체 반응은 기쁘면 웃음이 나오고, 슬프면 눈물이 나오고, 화가 나면 얼굴이 붉어진다. 이것은 인간의 신체 반응이 정서와 연관이 있다는 의미이다. 그렇지만 김운태 시인의 시에서는 신체 반응이 정서와 동시에 일어난다. '사람으로 살아간다는 것은 / 여명黎明의 운판소리와 법고의 여명餘命 / 십자가 아래의 범종 물씬한 / 위산의 속쓰림 텅 빈 몸으로 만나는 / 텅 빈 신명神鳴' 그래서 시인의 시를 읽으면 웃음과 동시에 기쁜 감정이 생기고, 울음과 동시 슬픈 감정이 생긴다.

그것은 언제나 목쉰 까마귀 음정으로 다가오는 절제된 언어
매순간 생멸하는 육신의 그물에 용케도 놓치지 않고
두 손 맞잡은 한 폭의 하늬바람

진땀 흘려 얻은 순간의 단내 나는 안식의 시간
순교의 사랑에서나 맛보는 삶 언저리의 고독한 충만
자궁 문을 비집고 온몸을 감싸던 첫 햇살 때나

느껴보던 그 파리한 어린 감정
해거름 봉창문살로 헐벗은 겨울산행을 퇴고推敲하던
마지막 햇살 때나 느껴보던 그 노숙老熟한 이지

그것은 언제나 살아서나 맛보는 낭만주의자의
한 줄 시
데까당뜨의 유희

—「병病」 전문

시는 신기한 눈요깃거리라는 데서 출발한다. 그래서 평범한 사물에서 예술적 가능성을 실험하고 또한 고유의 표현 수단을 발굴하기도 한다. 시인은 이러한 과정에서 사물을 바라보는 미학적 차원을 한 단계 높이고 있다. '진땀 흘려 얻은 순간의 단내 나는 안식의 시간 / 순교의 사랑에서나 맛보는 삶 언저리의 고독한 충만 / 자궁 문을 비집고 온몸을 감싸던 첫 햇살 때나 / 느껴보던 그 파리한 어린 감정'에서 보듯이 시인은 대상을 객관화하면서 동시 일정한 거리와 균형을 이룬다. 대상에 대한 재현에 또 다른 획을 그어 한 줄의 시로 남게 한다. 그래서 시인은 사물의 객관성을 시간 속에서 완성함으로써 대상을 살아 숨을 쉬게 하였다. 그 자체로 심리적, 미학적으로 완전하게 정리하였다.

산이
묵직하다

선사先史의
주름살로

견성見性을 알 만하다

—「팔공산 Ⅰ」 전문

시인은 대상을 복잡하게 보거나 모호하게 치장하지 않는다. 사물의 참모습을 있는 그대로 재현하여 하나의 단일의 공간성을 확보하고 있다. 그래서 시 한 편이 균형을 잘 잡고 있으며 그 속에서는 진실이 반영되어 있다. 또한, 시상의 연결이 절묘하다. 다시 시 하나를 보자.

마포에 빈대떡 골목을 가면
나는 사람이 아니다
손님이다

마포에 빈대떡 골목을 가면
나는 가난해진다
빈대가 된다

천국같은 빌딩들이
행복하진 않지만
부자라 말한다

마천루 아래 잘살기를
포기한 뒷골목 빈대떡 젊은 주인 아주머니의
힘없는 눈시울이
내가 손님으로 살게한다

마포에 빈대떡 골목에 가면
나는 가난하고도 행복한 빈대가 된다

-「마포」 전문

시인은 대상에서 그 가치와 의미를 부여한다. 그는 대상과 끊임없이 대화하고 그 속에서 영감을 얻어내고 있다. 그 대상과의 대화를 통해서 미적 질서를 부여한다. 미적 질서는 재료 위에 하나의 사상, 하나의 형식을 적극적으로 재구하여 또 다른 의미를 부여하고 있다.

'마포에 빈대떡 골목을 가면 / 나는 사람이 아니다 / 손님이다 / 마포에 빈대떡 골목을 가면 / 나는 가난해진다 / 빈대가 된다〈하략〉'에서 보면 손상되지 않은 신선함이 돋보이는 표현이다. 그래서 대상이 시인의 감성의 여과를 거쳐서 새로운 가치와 미적 의미를 부여받게 된다. 시인이 사물과의 교감하는 것을 보면 단순한 주고받음이 아니라 그 사이에는 진리라는 고리를 연결시켜서 단단하게 만들어 내고 있다.

시인의 또 다른 시를 보면,

서울역사 앞을 거닐다 보면
술 취한 비둘기를 만날 수 있다
이 봄 내내 봄빛에 취해
눈으로 술을 마셨는지
눈알이 통째로 벌겋다
어제 밤엔 밤새도록 눈뜨고 마셔버려
이젠 아예 깜박일 수조차도 없다

뒤뚱거리며 걷는 그의 뒤로
그림자 하나 산산조각
떨어져 나간다
그림자 한 조각 밟아버린 나는
매일 불면의 밤을 보내고 있다

—「서울역사 앞」 전문

시인은 대상을 통해서 그 대상이 지닌 내면의 세계를 제대로 보여주고 있다. 그 과정에서 자신의 삶을 긍정적인 방향으로 이끌어 나가기 위한 치열한 고민을 시로 승화하고 있다.

'눈으로 술을 마셨는지 / 눈알이 통째로 벌겋다 / 어제 밤엔 밤새도록 눈뜨고 마셔버려 / 이젠 아예 깜박일 수조차도 없다 / 뒤뚱거리며 걷는 그의 뒤로 / 그림자 하나 산산조각 / 떨어져 나간다 / 그림자 한 조각 밟아버린 나는 / 매일 불면의 밤을 보내고 있다'에서 보이듯이 시인은 대상에 대한 통찰의 의미를 잘 보여주고 있다. 술을 눈으로 마셔 눈이 붉고 불면의 밤을 보내고 있다. 이것은 시인만의 미적 완성도다.

김운태 시인의 시집을 읽고 나니 선몽대仙夢臺의 솔바람 사이로 불어오는 청량함을 느낄 수 있다. 그의 시를 읽고 있으면, 솔밭 앞에 펼쳐진 긴 모래사장이 한눈에 들어오는 것 같다. 그래서 그 모래를 밟으면 사각 소리가 나고, 몸의 무게를 느낄 수 있을 만큼의 소리로 다가온다.

사람은 어느 한 곳에 자신의 모든 것은 벗어 놓지 못해서 이곳저곳을 찾아다닌다. 그 여행은 타인을 향한 것이 아니라 자신을 향한 여정이다. 둘이지만 하나인 동인同人으로서의 끈이다. 마치 물이 물을 물고 흘러가듯. 그의 시에서처럼 / 어떠한 경우라도 / 텅 빈 나를 바라보는 존재는 / 신이 아니라 / 나의 마음이라고 / (「진짜로」 부분 발췌) 거듭 강조한다.

시인은 대상과 대화를 하듯이 편하게, 모래 위에 그림을 그리듯이 자연스럽게 그 속을 끄집어내고 있다. 그래서 특별한 기교도 보이지 않는다. 전편을 읽고 나면 하나의 완결된 이야기임을 알게 된다. 그리고 그 속에는 솔직하고 담백한 자신과의 만남이 존재한다. 그 만남의 기저에는 자신만이 지니고 있는 통찰을 통한 관조와 미학이 깔려 있다. 그래서 그를 우리 시대의 진정한 통찰의 시인이라 하겠다.